Unser Gott kann....!

Lebensberichte zur Ehre Gottes

von

Regina & Helmut Steitz

© 2013

by Regina & Helmut Steitz

Alle Rechte vorbehalten

Herstellung und Verlag:

BoD - Books on Demand, Norderstedt

ISBN: 978-3-7322-8280-7

Printed in Germany

Dem aber, der über alles hinaus zu tun vermag, über die Maßen mehr, als wir erbitten oder erdenken, gemäß der Kraft, die in uns wirkt, ihm sei die Herrlichkeit in der Gemeinde und in Christus Jesus auf alle Geschlechter hin, von Ewigkeit zu Ewigkeit.   Amen

Eph.3,20+21

(rev. Elberfelder Übersetzung)

Inhaltsverzeichnis

Prolog: Heilung – ist das möglich?

Die Sehnsüchte der Menschen waren und sind zu allen Zeiten groß gewesen. Dabei ist das Wort Sehnsucht eine Zusammensetzung aus zwei Begriffen, welche Begehrlichkeiten in uns wecken. Man wünscht sich einen Zustand oder eine Sache so sehr herbei, sodass aus dem puren Wunsch eine „Sucht" wird. Nichts ist mehr wichtiger, alles Andere tritt in den Hintergrund. Nur noch dieses eine Ziel hat Priorität und man ist bereit, dafür alles zu geben, zu lassen oder gar zu verkaufen.

Jedem von uns sind diese Gedanken und Gefühle sicherlich nicht fremd. Denn wir alle tragen in uns unsere Sehnsucht – oder gar – Süchte.

Um diese Dinge Realität werden zu lassen, probieren wir alles, lassen uns auf alles ein und hoffen so, unserem Schicksal doch endlich auf die berühmten Sprünge zu helfen. Nach dem Motto: „Hilf dir selbst, dann hilft dir Gott", ist uns jedes Mittel recht, Hauptsache, wir erreichen das Angestrebte.

Auch – oder gerade dann, wenn unser Leben und unsere gesteckten Ziele von Krankheit durchkreuzt und letztlich bestimmt wird, greifen wir nach dem berühmten Strohhalm und machen selbst vor Scharlatanerie nicht halt. Esoterik, Yoga, Qui Gong, Tai Chi, Heilende Steine und wie die „Heilsbringer" unserer heutigen Zeit noch heißen mögen, sind schlichtweg der Renner und machen selbst vor Arztpraxen nicht Halt.

Aber, sind dies nicht alles Lügen? Ist denn ein wirkliches Heil werden überhaupt möglich?

Was fangen wir an, wenn wir plötzlich feststellen, dass alles Geld auf unserem Konto nicht ausgereicht hat und die damit verbundene Enttäuschung uns auffrisst?

Gibt es außer dem Zenmeister, auf welchen wir alle Hoffnungen gesetzt hatten und der uns letztlich so bitter enttäuschte, vielleicht doch noch irgendwo eine Adresse, an die wir uns vertrauensvoll hinwenden könnten?

All diese Fragen bohren in uns. Und es gibt tatsächlich noch jemanden, der diesem Gedankenwirrwarr ein Ende setzen kann!

Dieser „Jemand" heißt Jesus Christus! Bei IHM ist völlige Heilung und Wiederherstellung möglich, ohne dass es uns einen einzigen Cent kostet!

Auch brauchen wir ihm nicht unsere Seele zu verkaufen – im Gegenteil. Sie wird durch IHN und mit IHM erst errettet!

Dies, liebe Leserin, lieber Leser, durften wir Beide auf wunderbare und vielfältige Weise erleben. Darum geben wir IHM mit diesem Buch die Ehre!

Und da es bei Jesus Christus keine Lieblinge gibt, die etwa mehr als die Anderen Wert währen, sind all die nachfolgend zu lesenden Wunder auch in Ihrem Leben möglich! ER kann alles……….!

Reginas Zeugnis

Als drittes Kind meiner Eltern wuchs ich wohlbehütet auf. Ich war gewollt, und dies durfte ich durch die Liebe meiner Eltern auch erfahren.

Mein Umfeld war intakt, ich hatte viele Freunde und auch sonst keinerlei Kontaktprobleme zu anderen Menschen. Krankheit war für mich ein Fremdwort. Alles schien easy und perfekt.....

Dies war auch mein Lebensmotto, wem auch immer ich begegnete.

Obwohl noch recht jung, hatte ich doch schon vor meiner Schulzeit eine klare Vorstellung von meinem Leben.

Als ich zur Schule kam, änderte sich das Easy- Dasein zunächst nicht. Aber, mit Beginn des Besuchs der Realschule war dies schlagartig anders!

Plötzlich standen nur noch Leistung und Anerkennung im Vordergrund. Alles bisher Propagierte war Schnee von gestern. Ich wollte nur noch eines: Einen guten Beruf, eine gesicherte Zukunft, - einfach **wer sein** im Leben!

Nun mag dies alles ja gar nicht so verwerflich klingen, aber für mich gab es nichts anderes mehr!
Dieses Verhalten bestimmte mein ganzes Ich - es wurde zu meinem Gott!

Als ich in diesem Wahn gefangen war, bekam ich nach einiger Zeit heftige Kopfschmerzen. Mein Körper begann zu rebellieren.
Kreislaufprobleme, Herzrasen und Angstzustände türmten sich wie ein riesiger Berg vor mir auf. Wie ein Geröllhaufen stürzten Probleme über Probleme über mich ein. Ich konnte diesem Druck nicht länger Stand halten

und so kam es eines Tages zum großen Knall.

Ich brach in der Schule zusammen und man brachte mich sofort zum Neurologen. Nach einigen Untersuchungen stand die erschütternde Diagnose fest: *Epilepsie!*

Mein Götze hatte mich besiegt!

Das, was ich am liebsten tun wollte, wonach ich immer gestrebt hatte, war plötzlich unerreichbar für mich!

Zwar hatte ich als kleines Mädchen immer wieder gehört, dass es da jemanden gäbe, der über allem steht und der alles vermag, aber mein Ego war mir bis zu diesem Zeitpunkt immer wichtiger gewesen.

Ich wollte es schaffen – ohne Hilfe von außen!

Nun aber verlief mein Leben auf völlig anderen Bahnen. Als man mich in eine neurologische Klinik eingewiesen hatte, musste ich zuerst begreifen, dass ein Mensch nur dann Freunde hat, **wenn er „dazugehört" und „funktioniert".**

Und all dies konnte ich fortan nicht mehr!

Stattdessen bestand mein Leben nun aus Verboten, Medikamenten und komplizierten Untersuchungen.

Im Laufe der Zeit veränderten die vielen Tabletten mein ganzes Wesen.

Ich wurde zynisch und bitter, fühlte mich wertlos und verstoßen. Dies führte dazu, dass ich keinen Sinn mehr sah, weiterzuleben.

Eine große Todessehnsucht umgab mich, der ich in meinem Zustand nicht widerstehen konnte.

Alle meine Träume zerplatzten wie Seifenblasen.
Ein durchgeplantes, und bis dahin von Zuversicht strotzendes Leben, endete jäh hinter Klinikmauern.

Die bis dahin noch selten aufgetretenen Anfälle, wurden immer häufiger und intensiver.
Medikamente, die immer höher dossiert wurden, versagten plötzlich ihren Dienst. Aus medizinischer Sicht gab es weder Hoffnung, noch Heilung.

In den Augen der behandelnden Ärzte war ich ein „hoffnungsloser Fall!"

Wer konnte mich aus dieser Ausweglosigkeit befreien?
Gab es überhaupt noch etwas, an das ich mich klammern konnte?

Verzweifelt suchte ich händeringend nach Hilfe!

Von einer Arbeitskollegin bekam ich den Tipp, mich an einen Heilpraktiker zu wenden.
Naiv, wie ich war, ging ich auf dieses Angebot ein und ersuchte sofort nach einem Termin bei der Praxis, dessen Adresse mir diese Kollegin gab.

Dieser fing sofort an, alle bisherigen Medikamente abzusetzen. Gleichzeitig wurde die Krankheit bependelt. Mir schien alles recht!
„Hauptsache, es hilft!" dachte ich mir und lies alles über mich ergehen.
Anfänglich fühlte ich mich tatsächlich leichter, es schien sich zu bessern und es sah so aus, als würde man schon alles in den Griff bekommen.

Aber, die „Hilfe" war trügerisch!
Anstatt wirklicher Genesung, endete das Bependeln meiner Krankheit in einem Koma!

Wieder in eine Klinik eingeliefert, stellten die Ärzte dort eine Hirnblutung, sowie die völlige Lähmung der rechten Körperhälfte fest.

Obwohl ich mir großes erhofft hatte und die Sitzungen beim Heilpraktiker mein ganzes Geld verschlungen hatten, war nirgendwo eine Heilung in Sicht.

Die großen Hoffnungen hatten sich im Sand verlaufen!!

Heute weiß ich, dass mein Vater in dieser Zeit immer zu Gott im Gebet schrie!

Von ärztlicher Seite hieß es ganz klar, dass ich dieses Martyrium nicht überleben werde.

Aber mein leiblicher Vater, der an Jesus Christus glaubte, entgegnete immer: *„Ich weiß, meine Tochter stirbt nicht!"*

In der Zeit des Komas zeigte mir Gott, obwohl ich ihn nicht persönlich kannte, seine große Allmacht.
Das, was Sie hier nachlesen können, zeigt deutlich, dass Gott an uns interessiert ist, auch wenn wir von IHM nichts wissen wollen!

Wie in einem Traum ging ich verschiedene Stufen einer großen, goldenen Treppe hinauf, bis ich vor einer großen, ebenfalls goldenen Tür stand.
Deutlich sah ich, wie sich diese Tür öffnete, und ein Engel in hellen, weißen Kleidern vor mir stand.
Ich hörte ich die Worte: ***Du sollst leben***!

Im selben Augenblick fuhr mir dieser Engel über meine rechte, gelähmte Körperhälfte.

Kurz nach diesen Ereignissen, öffnete ich, gegen allen Verstand der Ärzte, wieder meine Augen.
Problemlos konnte ich mein Umfeld wieder wahrnehmen.

Ich wusste auf Anfragen sofort meinen Namen.

Weil man bis dato annahm, dass ich ein Pflegefall sein werde, ging man unmittelbar nach dieser Frage daran, sämtliche Untersuchungen die man bereits im Vorfeld gemacht hatte, zu wiederholen.

Die Tests ergaben, dass keine Lähmungserscheinungen mehr vorhanden waren *und ich die gesamte rechte Körperhälfte wieder voll gebrauchen konnte.*
Eine erneute Computertomografie ergab, dass keine Hirnblutung mehr vorhanden war!

Heute bin ich mir sicher, dass Gott damals schon seinen mächtigen Arm bewegt hatte, um mich von dieser Krankheit zu befreien.

Aber damals lebte ich, nach der Entlassung aus der Klinik, mein Leben so weiter, als sei nichts geschehen.
Schließlich hatte ich mit der Epilepsie immer noch meine Probleme.

Anstatt dem den Raum zu geben, der gerade mein Leben revolutioniert hatte, verließ ich mich immer noch lieber auf meine „eigenen Kräfte" und auf gut gemeinte Ratschläge von anderen Menschen.

Daraus ergab sich, dass die Aufenthalte in Neurologischen und Psycho-somatischen Kliniken nicht weniger wurden – im Gegenteil!

Trotz vieler Gottesdienstbesuche in den unterschiedlichsten Kirchen und Gemeinden, war mir das Wichtigste bislang ein Fremdwort geblieben.
Ohne eine *lebendige Beziehung* zu **Jesus Christus** lebte ich mein Leben mehr schlecht, als recht.

Gott, der mich aus dem Koma erwachen ließ, hatte aber eine Sehnsucht in mein Herz gelegt, der ich nicht mehr widerstehen konnte.
Denn all meine Gedanken kreisten nur noch darum, völlig gesund zu werden!

Nach einigem Zögern wollte ich nur noch eines:
Ich musste diese Macht kennen lernen, die mich aus der tiefsten Finsternis befreite.
Und so nahm ich die schon seit langem ausgesprochene, herzliche Einladung wahr, an einem Gottesdienst einer freikirchlichen Gemeinde teilzunehmen.
Vorurteilsfrei und voller Erwartung nahm ich an einem Gottesdienst teil.

Dort spürte ich dieselbe Liebe, welche mir in meinem Koma begegnet war!
Diesmal jedoch, blieb es nicht bei einer bloßen Berührung.

Ich erkannte, dass diese Liebe eine Entscheidung von mir erwartete!
Freiwillig und aus tiefstem Herzen sagte ich: *Jesus, mein Leben soll Dir gehören!*

Sofort verspürte ich, wie Zentnerlasten von Sorgen und Ängsten von mir fielen. Noch nie konnte ich so frei atmen!

Obwohl ich noch immer an Epilepsie litt, wusste ich, dass mit diesem Tag etwas völlig Neues in meinem Leben begonnen hatte!
Gott hatte mir die Augen geöffnet und mir seine Sicht der Dinge offenbart.

Jetzt wusste ich, dass ich trotz meiner Krankheit, meiner Fehler und meiner bisherigen Irrwege von IHM geliebt, und in seinen Augen **wertvoll** war- und bin!!

In der Folgezeit durfte ich im Glauben wachsen, indem ich die Angebote in der Gemeinde wahr nahm.

Im November 1996 ging ich zu einem besonderen Gottesdienst.
Da ich Gott bis dorthin schon etwas mehr kennenlernen durfte, war meine Erwartungshaltung an diesem Abend unbeschreiblich groß.
Nach der Verkündigung wurde ich im Rahmen eines Altarrufes nach vorn gebeten, um für mich zu beten.

Unter Handauflegung spürte ich deutlich, wie der Heilige Geist in mir zu wirken begann.

Laut vernehmbar hörte ich die Worte „Krankheit" und „Epilepsie." An jenem Abend sagte mir Gott zu, **dass er mich von dieser Krankheit befreien, und mich zum Licht für viele Menschen setzen werde**!

Zunächst änderte sich auch nach diesem Abend nichts.
Weiter nahm ich meine verordneten Medikamente und hielt mich auch sonst an ärztliche Weisungen.
Im Laufe der Monate aber spürte ich deutlich, wie sich meine inneren Einstellungen und somit meine ganze Lebensauffassung veränderten.

Mehr und mehr legte ich alte Verhaltensmuster ab, und mein Umgangston wurde ein völlig anderer!

Nach ca. einem Jahr vollbrachte Gott das, wonach ich mich immer gesehnt hatte und was Menschen nie für möglich hielten:

Bei der Einnahme meiner Antiepileptika (Medikamente zur Epilepsie-Behandlung) bekam ich unerträgliche Kopfschmerzen.
Unmittelbar danach erbrach ich die eingenommenen Medikamente.

Zunächst dachte ich, dass dies alles mit einem grippalen Infekt zu tun hätte, bis mir auffiel, dass ich nur die Tabletten, nicht aber das zuvor Gegessene erbrochen hatte.

Gleichzeitig stieg mein Blutdruck in nicht mehr messbare Dimensionen, so dass ich schließlich ins Krankenhaus eingewiesen wurde.
Die behandelnden Ärzte konnten sich, trotz intensivster Untersuchungen, keinen Reim auf meine Werte machen.
Schließlich überwies man mich zum Neurologen.

Nach einer EEG-Kontrolle (= Messung der Hirnströme) fiel der Arzt aus allen Wolken:
Alle bislang festgestellten Epilepsieherde *waren nicht mehr sichtbar*!

Gott hatte seine Zusage erfüllt und mich von der Geißel dieser Krankheit befreit!
Bis heute brauche ich keine Tabletten mehr einzunehmen und hatte nie wieder einen epileptischen Anfall!

Und Gott wirkte von da ab weiter in meinem Leben und vollbrachte weitere Wunder!
Aufgrund einer Nachtwanderung im Winter, zog ich mir durch einen schweren Sturz auf die Kniescheibe einen Kreuzbandriss zu. Die medizinische Untersuchung ergab, dass das Knie deformiert war.
Dies bedeutete, dass ein künstliches Kniegelenk eingesetzt werden sollte.
Am Tag der vorgesehenen Operation betete ich zusammen mit zwei Gemeindegliedern und wir baten Gott um seinen Beistand und seine Hilfe.
Als man mich in den OP-Saal fuhr, sah ich ein gleisend helles Licht. Gleichzeitig verspürte ich einen tiefen, innigen Frieden.

Alle Voruntersuchungen und Diagnosen hatten sich im Verlauf der OP nicht bestätigt! Anstatt eines künstlichen Kniegelenks wurden nur Sehnen verkürzt und ein Arthroseherd ausgeräumt.

Ohne fremde Hilfsmittel kann ich heute wieder Sport treiben und mein Alltagsleben auf meinen beiden Füßen bewerkstelligen!

Unser Gott kann – auch in Ihrem Leben!!
Wenn Sie sich IHM ganz anvertrauen, dürfen auch Sie erleben, dass es nichts gibt, was ER nicht ändern könnte!

Als ich aufgrund zweier vereiterter Zähne zur Behandlung musste, die mit heftigen Ohrenschmerzen und einer entzündeten Ohrspeicheldrüse einher gingen, stellte der behandelnde Arzt folgendes fest:

„Hätten Sie noch länger gewartet, wäre aus Ihrer Entzündung eine Blutvergiftung geworden"!

Gottes Arm ist nicht zu kurz, als dass er nicht helfen oder bewahren könnte! Deshalb sind auch Sie herzlich eingeladen, mit IHM ganze Sache zu machen und auf die Hilfe und den Schutz unseres Retters Jesus Christus zu vertrauen.

Helmuts Zeugnis

Vom menschlichen und medizinischen Standpunkt aus betrachtet, hing unser altes Leben an Schläuchen, Spritzen und Tabletten.

In meinem Fall war dies seit meiner Geburt der tägliche Umgang. Denn einige Stunden danach mussten die Ärzte meinen Eltern eine Hirnblutung ihres gewollten Kindes erklären. Schon damals sagten die Mediziner ihnen, dass es aus ihrer Sicht keine Überlebenschancen gäbe.

Was tut ein Mensch in einer solchen Situation, wenn er nirgendwo einen Halt hat und ihm das wahre Fundament fehlt?
Dann regieren Zweifel und Mutlosigkeit, bis hin zu Selbstmordgedanken!

Aber Gott, der das Leben bejaht, erzeigte sich schon damals als der Wunderbare, dem nichts unmöglich ist!
Und so darf auch ich davon Zeuge sein, dass dieser Gott, der von vielen verlacht, verspottet oder verleugnet wird, Menschen bis zum heutigen Tag heilen kann!

Ich durfte eine wunderbare, und meist krankheitsfreie Kindheit durchleben!

Mit 15 Jahren jedoch, im Rahmen meiner ersten Berufsausbildung zum Maschinenbauer, als ich eines Tages mit meinem Mofa zum Ausbildungsbetrieb auf der stark befahrenen Bundesstraße 10 unterwegs war, wurde mir während der Fahrt plötzlich schwarz vor Augen.
Ich spürte mein Herz rasen und mein Kopf drohte zu zerplatzen. Ein seltsames Gefühl von Übelkeit überkam mich und ich wurde Ohnmächtig.

Als ich wieder zu mir kam, fand ich mich im Krankenhaus auf der Intensivstation wieder.

Dort wurde mir erklärt, dass mich ein Autofahrer aus dem Straßengraben gezogen hatte. Der Grund, weshalb ich nun hier sei, würde sich erst noch herausstellen.

Äußere Verletzungen waren, bis auf ein paar Schürfwunden, nicht festzustellen.

Es begann nun eine Reihe von Untersuchungen, die mir bis dahin völlig fremd waren.

Vom Krankenhaus wurde ich mit dem Krankenwagen in eine Neurologische Klinik gefahren, wo mittels Spezial-untersuchungen *Epilepsie* diagnostiziert wurde.

Bei diesen Untersuchungen stellte man fest, dass die Epilepsie nicht einfach so aufgetreten war, sondern, bedingt durch die bei der Geburt aufgetretene Hirnblutung ausgelöst wurde.

Diese Tatsache stellte mein ganzes Leben auf den Kopf.

All das, was ich mir vorgenommen hatte, wie ich mein Leben verplant hatte, war mit einem Paukenschlag zur Farce geworden.

„Du lebst ein sinnloses Leben", war in jenem Moment mein Gedanke, weil ich kein Fundament besaß, das mir Halt und Zuversicht geben konnte.

Plötzlich war all das, von dem ich während meiner Kindheit verschont blieb, grausige Realität.

Und, obwohl ich in meiner Kindheit von Jesus Christus erfahren hatte und er somit kein Unbekannter war, erschien mir der Umstand meiner Krankheit größer, als alles, was mir von Jesus bekannt war.

Es konnte ja durchaus sein, dass dieser Jesus zu seiner Zeit Menschen heilen konnte. Aber heute? Und mich?

Während meine Zweifel über die Situation gesiegt hatten, begann eine jahrelange Leidenszeit, verbunden mit unzähligen Klinikaufenthalten, in welcher die Epilepsie nicht die einzige Krankheit bleiben sollte.

Trotz intensivster, medizinischer Bemühungen, erfüllte sich mein Wunsch, endlich von Krankheit befreit zu sein, nicht!
Und so wurde ich eines Tages wieder in eine neurologische Klinik eingewiesen.

Dort begegnete mir auf den Fluren eine junge Frau, die von Krankheit gezeichnet war.
Aber, ich verliebte mich sofort.

Wider alle menschlichen und ärztlichen Ratschläge heirateten wir.
Plötzlich schien das Glück perfekt zu sein. Denn nun hatte ich einen Menschen an meiner Seite, mit dem ich doch alles teilen durfte! Aber die Krankheit machte uns häufig einen Strich durch unsere Vorstellungen.

Es ging eben doch nicht alles so, wie wir uns das ausgemalt hatten.

Wir mussten im Laufe der Zeit erkennen, dass uns in all unseren Problemen immer häufiger das entscheidende Quäntchen zur Lösung derselben fehlte.

Statt Friede, Freude, Eierkuchen, bekam ich eines Tages sehr starke Schmerzen in der Halsgegend, sowie immer stärkere Probleme beim Schlucken.

Doch zunächst verdrängte ich dies alles, da mir die Epilepsie schon genügend Probleme bereitete.

Aber die Schwierigkeiten nahmen so sehr überhand, dass ich keinen anderen Ausweg mehr sah, als zum Arzt zu gehen.

Dort angekommen, wurde ich nach kurzer Untersuchung zum Spezialisten überwiesen. Dieser diagnostizierte einen **„kalten Knoten"** an der Schilddrüse!

Zunächst begann man das Problem medikamentös in den Griff zu bekommen. Aber nach einigen Monaten stellte sich heraus, dass ein operativer Eingriff unumgänglich wurde.

Trotz einer lieben und verständnisvollen Frau, die mir in ihrer Schwachheit so gut es ging zur Seite stand, sah ich keinen Sinn mehr in meinem Leben.

Denn ich wollte kein Leben führen, dass nur aus Krankheit, Klinikaufenthalten und Medikamenten bestand.
Immer öfter trug ich mich mit dem Gedanken, diesem, aus meiner Sicht, unsinnigen Dasein ein Ende zu setzen.
Andererseits sehnte ich mich nach dem Anker, der mir in diesen Stürmen Halt und Sicherheit gab und der über allem Hin – und Her- Wanken erhaben war.

Meine wunderbare Frau, die sich liebevoll aufopferte, aber selbst - aus medizinischer Sicht – unheilbar krank war, konnte dieser Anker nicht sein.

Fragen, wie „Warum gerade ich"? bestimmten meinen Lebensalltag.

Zwar hatte man mir in meiner Kindheit immer wieder von Jesus Christus erzählt. Aber, sollte gerade ER der Ausweg aus meinem Dilemma sein?

Schließlich wurde ich in immer tiefere Unsicherheiten getrieben – bis hin zur Sinnlosigkeit unserer Ehe.

„Wenn dir doch niemand helfen kann, dann brauchst du auch niemanden im Leben", war der Gedankengang in dieser Situation!
Und so trugen wir uns nach sechs Jahren Ehe mit dem Gedanken, uns zu trennen. Aber auch hier wusste Gott unsere Vorstellungen zu verhindern und stattdessen *seinen Plan* Realität werden zu lassen!
Und so dürfen wir heute auf nunmehr sechsundzwanzig Ehejahre zurückblicken, die voll von Dankbarkeit an unseren großen und wunderbaren Gott sind!

Damals aber wuchs neben all den Negativgedanken in immer stärkerem Maße die Sehnsucht nach Heilung.
Irgendwo musste es doch einen Ausweg geben!!??!

Eine Woche vor dem vereinbarten OP-Termin des kalten Knotens musste ich nochmals zu einem abschließenden Check-up beim Facharzt.
Nach erneuter eigehender Untersuchung viel dieser aus allen Wolken.

„Wo ist der Knoten"? rief er plötzlich, völlig fassungslos, „ich sehe ihn nicht mehr"!
Das anschließende Synthigramm brachte es deutlich zum Vorschein – **der einstmals festgestellte Knoten war nicht mehr zu sehen.**

Auch hier war mir nicht bewusst, wer in dieser prekären Situation eingegriffen hatte. Ich wusste nur eines: Den Knoten, der mir die Luftröhre schon leicht abgeknickt hatte, war ich los!

Aber was war mit der Epilepsie und mit meiner Ehe?
Je mehr ich mich in der Welt nach Hilfe und Heilung ausstreckte, desto deutlicher musste ich erkennen, dass sie dort nirgendwo zu finden war.

Von allen Seiten bekam ich sogenannte „gute Ratschläge", doch mal dieses oder jenes zu probieren. Aber, egal wie dieser „Rat" auch aussah, tief in mir tat sich eine Kluft auf, die mit jedem Ratschlag größer wurde.

Ich ahnte, dass es irgendwo etwas geben musste, dass diese Sehnsucht in meinem Leben stillen und die Leere in meinem Herzen ausfüllen konnte.

Auf der Suche nach diesem „Etwas", wurden meine Frau und ich zu einem Gottesdienst in eine Freikirche eingeladen.
Zunächst überwog die Skepsis, aber schließlich sagte ich zu.

Als ich den Gottesdienstraum betrat, spürte ich eine bis dahin nie gekannte Herzlichkeit und Wärme.
Im Verlauf dieses Gottesdienstes erfuhr ich die Gegenwart Gottes zum aller ersten Mal in meinem Leben.
Ein warmes, helles und reines Licht umgab mich und wurde immer deutlicher, größer und schöner.

Am Ende des Gottesdienstes wurde ein besonderer Abend mit einem Evangelisten aus Schottland angekündigt. Auch hier verspürte ich zunächst eine ablehnende Haltung und wollte nicht hingehen.

Aber die Liebe Gottes drängte mich, dann doch an diesem Abend teilzunehmen.

Plötzlich kam in mir eine nie gekannte Erwartungshaltung auf. Nichts und niemand sollte mich von dieser Veranstaltung abhalten können.

Und an diesem Abend erwies Gott noch in viel größerem Maße seine Gnade.

Ich wurde nach vorn gerufen und während des Gebets hörte ich die Worte „Krankheit, Epilepsie und Befreiung"!

Obwohl dieser Mann mich noch nie zuvor gesehen hatte und mich somit auch nicht kannte, wusste er genau über meine Probleme Bescheid.

Heute weiß ich:

Gott hatte ihm durch die Kraft des Heiligen Geistes all diese Dinge offenbart!

Aber schon damals erkannte ich:

Es ist nicht der Mensch, der hier mit dir redet, sondern ***Gott ganz persönlich***!
Und **ER** war es auch, der mir an diesem Abend die Heilung von Epilepsie zusprach!

Überglücklich ging ich nach Hause.

Zwar hatte mein Leben in der Folgezeit denselben Tagesablauf, aber ich spürte seit jenem Abend an mir und meiner Frau eine ungeahnte, positive Veränderung.

Plötzlich verstanden wir uns wieder, und redeten miteinander – und nicht nur übereinander!

Die Freude, dass wir einander hatten, war wieder in unser Eheleben zurückgekehrt!

Aller Twist und Streit waren von Gott ins Gegenteil verkehrt! Von Scheidung war nicht mehr die Rede!

Wir hatten das gefunden, wonach wir uns schon immer gesehnt hatten!

Und wieder hatte Gott eigegriffen!

Aber da blieben noch so viele ungelöste Probleme und Fragen.

Denn zunächst änderte sich an der Medikamenteneinnahme bezüglich der Epilepsie nichts.

Weiter hielt ich mich an die von ärztlicher Seite ausgegebene Marschroute.

Aber Gott hielt, was er an jenem Abend zugesagt hatte!

Etwa ein dreiviertel Jahr später, wurde es mir eines Tages nach der Medikamenteneinnahme so übel, dass ich mich übergeben musste.
Aber, ich erbrach keine Speisen, die ich gegessen hatte, sondern nur die Medikamente.

Plötzlich erinnerte ich mich an jenen besagten Abend und an das, was mir damals zugesagt wurde: *Ich werde Dich heilen*!

In meinem Herzen brach Jubel und Freude darüber aus und mir wurde sofort vor Augen geführt, in welch wunderbarer Weise Gott schon in unserem Leben eingegriffen hatte.

Nachdem ich mich übergeben hatte, verspürte ich eine bis dahin nie gekannte Freiheit und ein nie da gewesenes Wohlbefinden.
Im Gebet befragte ich Gott und vernahm deutlich, dass ich diese Medikamente nicht mehr brauchte.

„Ich habe für Dich eine bessere Speise", waren die deutlichen Worte Gottes!

Bis heute hatte ich keinen epileptischen Anfall mehr und nahm seit dieser Zeit keine Antiepileptika mehr ein!

Unser Gott kann! – mehr als wir erbitten oder erdenken!!

Aber dies war noch nicht das Ende der Fahnenstange:
Nachdem ich mir der Heilung von Epilepsie – einer vom medizinischen Standpunkt aus gesehen unheilbaren Krankheit - bewusst war, bekam ich einige Wochen später unerträgliche Bauchschmerzen.

Diese wurden so heftig, dass mir der Weg zum Arzt nicht erspart blieb. Doch auch dieser konnte den Schmerzherd nicht lokalisieren! Das Schmerzpotential steigerte sich ins Unermessliche!

„Was ist das? Gott hat dir doch seine Heilung zugesprochen", dachte ich mir.

Trotz Gebet unter Handauflegung wurden die Schmerzen nicht weniger. Schließlich wurde das Ganze so unerträglich, dass ich ins Krankenhaus eingewiesen wurde.

Zunächst hieß es dort von ärztlicher Seite: „Darmverschluss!"

Aber nach genauen Apparate-untersuchungen stellte sich die Diagnose als haltlos heraus. Stattdessen hatte ich eine hochgradige **Entzündung der Bauchspeicheldrüse**!

„Wenn wir ihrem Mann einiger Maßen helfen können, behält er eine schwere Diabetes zurück", erfuhr meine Frau von den behandelnden Ärzten.

Sie entgegnete ihnen nichts, sondern rief in der nächsten Gebetsversammlung unserer Gemeinde zum Gebet für mich auf.

Nach etwa zehn Tagen Klinikaufenthalt wurde mir offeriert, dass ich aufgrund der stabilisierten Werte entlassen werden könne.

Dies wollte man auch am Folgetag tun!

Am Nachmittag desselben Tages bekam ich jedoch einen schweren Rückfall! Alle bisherigen Medikamente versagten ihren Dienst – nichts schien mehr zu wirken.

Wasser hatte sich am Rippenfell, unmittelbar vor der Lunge, angesammelt und verursachte noch größere Schmerzen, als jemals zuvor.

Wieder wurde in der Gemeinde gebetet und der Sieg Jesu proklamiert!

Von ärztlicher Seite gab es für mich keine Hoffnung mehr und dies wurde meiner Frau auch unmissverständlich erklärt!

Aber, sie ließ sich nicht beirren, sondern vertraute mit allen Betern auf die Hilfe und Heilung Gottes!

Und das Wunder geschah: Nachdem ich etwas stabiler war, wurden einige Tage später alle Untersuchungen erneut durchgeführt, weil die Ärzte sich ein Bild des Gesamtzustandes machen wollten.

Das angesammelte Wasser war nicht, wie von ihnen befürchtet, zur Lunge gewandert, sondern nicht mehr vorhanden! Meine Bauchspeicheldrüse, die noch vor wenigen Tagen funktionslos war, hatte wieder zu arbeiten begonnen!

Gott hatte auch hier auf wunderbare Weise eingegriffen und sich als der erwiesen, der **ER** ist:

Als der HERR, unser Arzt!

Fassungslos bestätigten die irdischen Ärzte einige Tage später, die **einhundert prozentige Funktion** meiner Bauchspeicheldrüse!

Ich benötige kein Insulin durch Tabletten, Spritzen oder auf andere Weise!

Unser Gott ist der, der kann — und will - und dies bis zum heutigen Tag!

Ganz gleich, in welchem Dilemma Sie heute stecken – **ER** kann und will auch Sie daraus befreien!
Greifen Sie zu, es lohnt sich immer!

Denn was er an mir getan hat, kann er auch in Ihrem Leben tun!
Aber, Gott lässt sich in seiner Souveränität von niemandem vorschreiben, wie er zu heilen hat! Dies kann durchaus bedeuten, dass auch Medikamente zum Heilsplan Gottes gehören können!

Sicher ist und bleibt dabei immer eines: Was Gott macht, das ist wohlgetan. Denn ER macht keine Fehler! Deshalb dürfen wir Menschen IHM vertrauen!

Nachwort:

Ich habe Regina und Helmut vor *knapp zwei Jahren kennengelernt.* Sie sind kern gesund und fröhlich. Als ich die Geschichten von ihren Krankheiten hörte, habe ich gestaunt, weil davon heute überhaupt nichts mehr spürbar ist.

Sie durften an ihrem eigenen Leben mehrfach erfahren, wie Gott eingreift und heilt.

Das kindliche Vertrauen in das Wirken Gottes, die Geborgenheit einer Gemeinde oder auch das Gebet von Reginas Vater bildeten bei ihnen den Rahmen für das Eingreifen Gottes.

Es ist für mich eine große Ermutigung zu erfahren, wie Gott heute noch handelt. Ich habe auch Fälle vor Augen in denen Gott bisher nicht geheilt hat, wo sogar Menschen trotz Gebets an schweren Krankheiten gestorben sind.

Wir leben heute in einer Welt, in der Fragen offen bleiben, deswegen können wir aus der Heilung Gottes keine Regel oder ein Gesetz machen.

Es ist aber eine **Realität**, auf die wir hoffen können und für die wir beten sollen.

Regina und Helmut sind die besten Beispiele dafür, dass Gott heute noch so eingreift, wie in der Zeit als Jesus Christus auf der Erde gelebt hat. Wir dürfen darauf vertrauen, dass Gott heilen kann und heilen wird.

Wenn Sie sich heute im Gebet mit Ihren Sorgen und Krankheiten ihrem Vater im Himmel anvertrauen, dann werden sie bestimmt bald auch davon berichten können, wie Gott in ihrem Leben Geschichte schreibt.

Matthias Lotz
Pastor EFG Geislingen (Baptisten)